PUCCINI: SUOR ANGÉLICA

Opera en Un Acto

Traducción al Español y Comentarios
por E.Enrique Prado

Libreto por Giovacchino Forzano

Jugum Press

ℰ

ISBN-13: 978-1-939423-71-9
ISBN-10: 1-939423-71-6

Cubierta de libro: Póster de la obra de Piccini "Suor Angélica" por G. Ricordi & Co., 1918
y foto de estudio de Composer Giacomo Puccini
de Wikimedia Commons – en.wikipedia.org
(en el dominio público en los Estados Unidos y otros países)

Impreso en los Estados Unidos de América
Publicado por Jugum Press
www.jugumpress.com

Edición y diseño:
Annie Pearson, Jugum Press
Consultas y correspondencia:
jugumpress@outlook.com

Índice

Prefacio ✠ Suor Angélica

Puccini, decidió escribir un tríptico y lo inicio componiendo primero *Il Tabarro* en 1916, después compuso *Suor Angélica* en 1917 y finalmente en 1918 escribió la música para *Gianni Schicchi*.

A pesar de que *Suor Angélica* es una ópera técnicamente perfecta, es la menos exitosa del tríptico. Su punto más débil es la ausencia de dramatismo y de conflictos. La situación más dramática de la ópera es durante la confrontación entre Suor Angélica y su tía, que constituye una tortura psicológica.

La tía es la que tiene la mejor voz de contralto en toda la obra de Puccini y es su creación más original dentro de su galería de personajes femeninos. En esta escena aparece *Suor Angélica* como una religiosa cualquiera que se transforma en una madre y en una mujer que ha sufrido.

En la escena final, su voz emerge junto con las de los ángeles aunque carece de impacto emocional. En la actualidad pocas veces se presenta el tríptico en una sola función, siendo las preferidas del público: *Gianni Schicchi*, *Il Tabarro*, y *Suor Angélica* en ese orden.

Traducción y comentarios por:
E. Enrique Prado Alcalá
Tepoztlán
Septiembre 17, 2000

Sinopsis ❧ Suor Angélica

Suor Angélica perteneciente a una familia aristocrática de Florencia, ha tomado los hábitos para expiar sus culpas por haber dado a luz a una hija fuera de matrimonio. Ha estado siete años recluida en un convento en un estado que cambia del arrepentimiento, al deseo de estar con su hija a quien en realidad, nunca ha conocido bien. Llega a visitarla su tía la Princesa a quien debe tratar con reverencia y humildad.

La visita de la Princesa es para recabar la firma de Suor Angélica en un documento relacionado con el próximo casamiento de su hermana. Cuando Angélica le pregunta por su pequeña hija, le contesta que la niña murió dos años atrás.

Angélica desesperada ante la noticia, decide suicidarse y bebe una poción venenosa preparada con hierbas y flores y en su agonía tiene una visión en que la Virgen trae hacia ella a su pequeña hija. Se escucha un coro y ella muere.

FIN

Reparto ∾ Suor Angélica

SUOR ANGELICA — Soprano
LA PRINCESA — Mezzo-Soprano
LA COLECTORA DE LIMOSNAS — Soprano
LA INSTRUCTORA DE NOVICIAS — Mezzo-Soprano
SUOR GENOVIEFFA — Soprano
SUOR OSMINA — Soprano
SUOR DOLCINA — Mezzo-Soprano
ASPIRANTES — Mezzo-Sopranos
CUIDADORA — Soprano

Época: Siglo XVII   Lugar: Un Convento

*Premier en el Metropolitan Opera House
de Nueva York
el 14 de Diciembre de 1918*

Libreto &o Suor Angélica

La escena se desarrolla dentro de un monasterio, en donde aparece el claustro y a un lado la capilla.
Al fondo unos arcos, el cementerio y otros arcos, a la izquierda el huerto.
Al centro de la escena, cipreses, una cruz, plantas y flores y en el fondo a la izquierda una fuente.
Transcurre la primavera, un reyo de sol cae sobre la fuente, se escuchan los cantos de las monjas en la capilla.

CORO

Ave Maria piena di grazia,
il Signore è teco.

1. Ave Maria llena eres de gracia,
el Señor es contigo.

Dos novicias que llegan tarde atraviesan la escena.

Tu sei benedetta fra le donne,
benedetto il frutto del ventre tuo: Gesu.

Bendita eres entre las mujeres,
bendito el fruto de tu vientre: Jesus.

Suor Angélica, también llega con retraso,
se santigua, hace el acto de contrición de las que llegan tarde, se arrodilla y besa la tierra.

Santa Maria prega per noi peccatori.

Santa Maria ruega por nosotros los pecadores.

SUOR ANGELICA

Prega per noi peccatorí,
ora e nell'ora della nostra morte.

2. Ruega por nosotros los pecadores,
ahora y en la hora de nuestra muerte.

CORO

Prega per noi peccatori,
ora e nell'ora de nostra morte.
E cosi sia.

3. Ruega por nosotros los pecadores,
ahora yen la hora de nuestra muerte.
Asi sea.

Las hermanas salen de la capilla de dos en dos. La Abadesa se encuentra afuera en espera enfrente de la cruz,
al pasar las hermanas le hacen una reverencia y la Abadesa les dá la bendición;
cuando han pasado todas, se retira. Las hermanas forman un círculo alrededor de la hermana Celadora.

LA HERMANA CELADORA

Sorelle in umíítà, mancaste alla quindena,
ed anche Suor Angelica,
che però fece contrizione piena,
invece voi, sorelle, peccaste in distrazione,
e avete perso un giorno di quindena!

UNA NOVICIA

M'accuso della colpa e invoco una gran pena
e più grave sarà, e più grazie vi dirò,
sorella in umiltà.

Queda en espera de la penitencia

LA MAESTRA DE LAS NOVICIAS

Chí arriva tardí in coro,
si postri e baci terra.

LA HERMANA CELADORA

Farete venti la preghiera mentale
per gli afflitti e gli schiavi
e per quelli che stanno in peccato mortale.

LA NOVICIA

Con gioia e con fervore!

LAS DOS NOVICIAS

Cristo Signore,
Sposo d'Amore,
io voglio sol piacerti,
Sposo d'Amor,
ora e nell'ora della mia morte.
Amen.

Se retiran por debajo de los arcos de la derecha.

LA HERMANA CELADORA

Suor Lucilla, al lavoro.
Ritiratevi. E osservate il silenzio.

Sor Lucila se retira.

LA MAESTRA DE LAS NOVICIAS

Perchè stasera in coro
ha riso e fatto rídere.

(A dos novicias)

4. Hermanas, les faltó humildad en la misa,
y también a Suor Angélica,
sin embargo ella hizo el acto de contrición,
en cambio ustedes hermanas pecaron
al distraerse, y han perdido un día de misa!

5. Me acuso de la culpa, siento una gran pena
que mas grande será, y con humildad
hermana, las gracias os daré.

6. Quien llega tarde al coro,
se postra y besa la tierra.

(A la novicia)

7. Dirás veinte veces la plegaria
por los afligidos y los esclavos
y por aquellos que están en pecado mortal.

8. ¡Con alegría y con fervor!

9. Cristo Señor,
Esposo de Amor,
yo quiero solo complacerte,
Esposo de Amor,
ahora y en la hora de mi muerte.
Amen.

(A Suor Lucilla dándole lo necesario para hilar)

10. Sor Lucila, al trabajo.
Retírese. Y observe el silencio.

11. Porque ésta noche en el coro
se ha reído y ha hecho reir.

LA HERMANA CELADORA
Voi, Suor Osmina in chiesa tenevate
nascoste nelle maniche due rose scarlattine.

(A Sor Osmina)
12. Usted, Sor Osmina en la iglesia llevaba
escondidas en las mangas escondidas
dos rosas escarlata.

SUOR OSMINA
Non è vero.

13. No es verdad.

LA HERMANA CELADORA
Sorella, entrate in cella.

14. Hermana, entre en su celda.

Suor Osmina mueve los hombros.

Non tardate! La Vergine vi guarda!

¡No tarde! ¡La Virgen la mira!

*Suor Osmina se encamina, todas las miradas la siguen debajo de los arcos,
hasta que desaparece dentro de su celda.*

SEIS HERMANAS
Regina virginum, ora pro ea.

15. *Regina virginum, ora pro ea.*

Suor Osmina cierra bruscamente la puerta de la celda.

LA HERMANA CELADORA
Ed or, sorelle in gioia,
poichè piace al Signore
e per tornare più allegramente
a faticare per amor Suo,
ricreatevi!

16. ¡Y ahora con alegría,
porque le place al Señor
y para regresar más alegremente
a trabajar por Su amor,
diviértanse!

LAS HERMANAS
Amen!

Amen!
17.

*Las figuras blancas de las hermanas se esparcen por el claustro y entre los arcos.
Suor Angélica cava la tierra y riega las plantas y las flores.*

SUOR GENOVIEFFA
Oh, sorelle, sorelle, io voglio rivelarvi
che una spera di sole è entrata in clausura!
Guardate dove batte, là là fra la verzura!
Il sole è sull'acoro!
Comincian le tre sere della fontana d'oro!

18. ¡Oh hermanas, hermanas, yo quiero revelarles
que un rayo de sol ha entrado en el claustro!
¡Miren en donde dá, allá allá entre el follaje!
¡El sol está sobre los arcos!
¡Comienzan las tres tardes de la fuente de oro!

LAS HERMANAS
È vero, fra un ístanrte vedrem
l'aqua dorata.

19. Es verdad, dentro de un instante veremos
el agua dorada.

UNA HERMANA
E per due sere ancora.

LAS HERMANAS
È Maggio! È Maggio!
È il bel sorriso di Nostra Signora
che viene con quel raggio.
Regina di Clemenza, grazie, grazie.

UNA NOVICIA
Maestra, vi domando licenza di parlare.

LA MAESTRA
Sempre per laudare le cose sante e belle.

LA NOVICIA
Qual grazia della Vergine rallegra le sorelle?

LA MAESTRA
Un segno risplendente della bontà di Dio!

Per tre sere dell'anno solamente
all'uscire dal coro,
Dio ci concede di vedere il sole
che batte sulla fonte e la fè d'oro.

LA NOVICIA
E l'altre sere?

LA MAESTRA
O usciamo troppo presto e il sole è alto,
o troppo tardi e il sole e tramontato.

LAS HERMANAS
Un altr'anno è passato!
E passato un altr'anno!
E una sorella manca.

20. Y por dos tardes más.

21. ¡Es Mayo! ¡Es mayo!
Es la bella sonrisa de Nuestra Señora
que viene con ese rayo.
Reina de Clemencia, gracias, gracias.

22. Maestra, le pido permiso para hablar.

23. Siempre para ensalzar las cosas santas y bellas.

24. Cual gracia de la virgen alegra
a las hermanas?

25. ¡Una señal resplandeciente de la bondad
de Dios!
Por tres tardes del año solamente
al salir del coro,
Dios nos concede ver el sol
que cae sobre la fuente y la hace de oro.

26. Y las otras tardes?

27. O salimos muy pronto y el sol está alto,
o muy tarde y el sol se habrá ocultado.

28. ¡Ya ha pasado otro año!
¡Otro año ha pasado!
Y falta una hermana.

*Cae un silencio doloroso en el claustro, las hermanas murmullan
una muda plegaria al recordar la imagen de la hermana que ya no está.*

SUOR GENOVIEFFA
O sorelle in pio lavoro
quando il getto s'è infiorato,
quando, il getto s'è indorato,
non sarebbe ben portato
un secchiello d'aqua d'oro
sulla tomba a Bianca Rosa?

29. ¿O hermanas en su pio trabajo
cuando el brote ha florecido,
cuando el brote ya tiene aroma,
no estaría bien llevar
un poquito de agua de oro
a la tumba de Blanca Rosa?

LAS HERMANAS
Si, la suora che riposa
lo desidera di certo.

30. Si, la hermana que reposa
ciertamente lo desea.

SUOR ANGELICA
I desideri sono i fiori dei viví
non fioriscon nel regno della morte,
perchè la Madre Vergine soccorre
e in sua benignità
liberamente al desiar precorre
prima che un desiderio sia fiorito
la Madre delle Madri l'ha esaudito
O sorella, la morte è vita bella!

31. Los deseos son las flores de los vivos
que no florecen en el reino de la muerte,
porque la Madre Virgen ayuda
y en su bondad
libremente al desear previene
que un deseo haya florecido, antes que
la Madre de las Madres haya accedido.
¡Oh hermana, la muerte es vida bella!

LA HERMANA CELADORA
Noi non possiamo nemmen da vive
avere desideri.

32. Nosotros no podemos mientras vivamos
tener deseos.

SUOR GENOVIEFFA
Se son leggíeri e candidi, perchè?
Voi non avete un desiderio?

33. ¿Si son ligeros y cándidos, porque no?
¿Ustedes no tienen un deseo?

LA HERMANA CELADORA
Io no!

34. ¡Yo no!

UNA HERMANA
Ed io nemmeno!

35. ¡Y yo menos!

OTRA HERMANA
Io no!

36. ¡Yo no!

UNA NOVICIA
Io no!

37. ¡Yo no!

SUOR GENOVIEFFA
Io si, lo confesso.

38. Yo si, lo confieso.

Mirando hacia el celo.

Soave Signor mío,	Suave Señor mío,
tu sai che prima d'ora	tu sabes que antes
nel mondo ero pastora.	en el mundo era pastora.
Da cinqu'anni non vedo un agnellino;	¡Desde hace cinco años, no veo a un corderito;
Signore, ti rincresco	Señor, te molesto
se dico che desidero	si digo que deseo
vedere uno piccino,	ver a uno pequeño,
poterlo carezzare,	poder acariciarlo,
toccargli il muso fresco	tocarte su pelaje fresco
e sentirlo belare?	y oírlo balar?
Se è colpa, t'offerisco	Si soy culpable, te ofrezco
il Miserere mei.	*el Miserere mei.*
Perdonami Signore,	Perdóname Señor,
tu che sei *l'Agnus Dei.*	tu que eres el *Agnus Dei.*

SUOR DOLCINA

Ho un desiderio anch'io!

39. ¡Yo también tengo un deseo!

LAS HERMANAS

Sorella, li sappiamo i vostri desideri!
Qualche boccone buono!
Della fruta gustosa!
La gola è colpa grave!
E golosa! E golosa!

40. ¡Hermana, sabemos de tus deseos!
¡Cualquier buen bocado!
¡De fruta sabrosa!
¡La gula es culpa grave!
¡Eres golosa! ¡Eres golosa!

Sor Dolcina se queda mortificada.

SUOR GENOVIEFFA

Suor Angelica, e voi? Avete desideri?

41. ¡Suor Angélica, y usted? ¡Tiene deseos?

SUOR ANGELICA

Io? No, sorella, no.

42. ¡Yo? No, hermana, no.

*Suor Angélica se va hacia las flores mientras las hermanas
se agrupan en un lugar opuesto y murmuan.*

HERMANAS

Che Gesù la perdoni, ha detto una bugia!
Ha detto una bugia!

43. ¡Que Jesús la perdone, ha dicho una mentira!
¡Ha dicho una mentira!

UNA NOVICIA

Perchè?

44. ¿Por qué?

LAS HERMANAS

Noi lo sappiamo, ha un grande desiderio!
Vorrebe aver notizie delta famiglia sua.
Son più di sett'anni da quando è
    in monasterio,
non ha avuto più nuove.
E sembra rasegnata, ma è tanto
    tormentata.
Nel mondo era ricchissima,
    lo disse la Badessa.
Era nobile! Nobile!
Nobile! Principessa!
La vollerò far monaca sembra per punizione.

Perchè! Perchè!
Chi sa? Ma? Ma?

45. ¡Nosotras lo sabemos, tiene un gran deseo!
    Quiere tener noticias de su familia.
    Son más de siete años que tiene en
        el monasterio
    y no ha tenido noticias.
    Parece resignada pero está muy
        atormentada.
    En el mundo era riquísima,
        lo dice la Abadesa.
    ¡Era noble! ¡Noble!
    ¡Noble! ¡Princesa!
    La convirtieron en monja como castigo.

    ¿Porque? ¿Por qué?
    ¿Quien sabe? ¿Pero? ¿Pero?

Se dispersan.

LA HERMANA ENFERMERA

Suor Angelica, sentite!

46. ¡Sor Angélica, escucha!

SUOR ANGELICA

O Sorella Infermiera, che cosa accade, dite?

47. ¿Oh Hermana Enfermera, que cosa sucede?

LA HERMANA ENFERMERA

Suora Chiara, là nell'orto
assettava la spalliera delle rose
all'improviso, tante vespe sono uscite
l'han pinzata, quí nel viso!
Ora è in cella e si lamenta!
Ah! Calmatele, sorella, il dolor che
    la tormenta.

48. ¡La Hermana Clara, allá en el huerto
    movía los respaldos de las rosas
    y de improviso salieron muchas avispas
    y la picaron en el rostro!
    Ahora está en su celda y se lamenta.
    ¡Ah! Cálmele, hermana, el dolor que
        la atormenta.

LAS HERMANAS

Poveretta! Poveretta!

49. ¡Pobrecita! ¡Pobrecita!

SUOR ANGELICA

Aspettate, ho una erba e un fiore.

50. Espere, tengo una hierba y una flor.

Corre buscando entre las hierbas y las flores.

LA HERMANA ENFERMERA
Suor Angelica ha sempre una ricetta
buona fatta coi fiori;
sa trovar sempre un'erba benedetta
per calmare i dolori.

SUOR ANGELICA

A la Hermana Enfermera, dándole una hierva.

Ecco quest'è calenzola,
col latticcio che ne cola
le bagnate l'inflagione;

Le dá otra hierba.

e con questa una pozione.
Dite a Sorella Chiara che sarà
     molto amara,
ma che le farà bene.
E le direte ancor che punture
di vespe sono piccole pene,
e che non si lamentí,
che a lamentarsi crescono i tormenti.

LA HERMANA ENFERMERA
Le saprò riferire.
Grazie soreila, grazíe.

SUOR ANGELICA
Son quí per servire.

Entran dos monjas conduciendo a un burrito cargado de cosas.

HERMANAS RECOLECTORAS
Laudata Maria!

LAS HERMANAS
E sempre sia!

*Las hermanas atan al borrico mientras las hermanas Recolectaras
entregan las limosnas a la Hermana Proveedora.*

HERMANAS RECOLECTORAS
Buona cerca stasera,
sorella Dispensiera.

51.   Sor Angélica siempre tiene una receta
hecha con flores;
siempre sabe encontrar una hierba bendita
para calmar los dolores.

52.   Aqui está, ésta es caléndula,
con el zumo que le sale
lávele la hinchazón;

y con ésta hágale una poción.
Dígale a la Hermana Clara que será
     muy amarga
pero que le hará bien.
Y le dirá además, que las picaduras
de avispa son pequeñas penas,
y que no se queje,
ya que al quejarse crecen los tormentos.

53.   Se lo diré.
Gracias hermana, gracias.

54.   Estoy aquí para servir.

55.   ¡Amada Maria!

56.   ¡Así sea siempre!

57.   Buena colecta ésta tarde,
hermana Proveedora.

LA HERMANA RECOLECTORA
Un otre d'olio.

58. Un odre de aceite.

SUOR DOLCINA
Uh! Buono!

59. ¡Huy! ¡Qué bueno!

LA HERMANA RECOLECTORA
Noccíole sei collane.

60. Una colección de avellanas.

LA SEGUNDA RECOLECTORA
Un panierin di noci.

61. Una canasta de nueces.

SUOR DOLCINA
Buone con sale e pane.

62. Bueno con sal y pan.

LA HERMANA CELADORA
Sorella!

63. *(Reprendiéndola)*
¡Hermana!

HERMANA RECOLECTORA
Qui farina!
E qui una cacciotella che suda ancora latte,
buona come una pasta;
e un sacchetto di lenti,
dell'uova, burro e basta.

64. ¡Aqui harina!
Y aqui un queso que todavía suda leche,
buena como una pasta;
y un saquito de lentejas,
huevos, mantequilla y basta.

LAS HERMANAS
Buona cerca stasera,
sorella dispensiera!

La suora cercatrice
per voi sorella ghiotta.

65. ¡Buena colecta esta tarde,
hermana proveedora!
(a Suor Dolcina)
La hermana recolectora lo hace
por usted' hermana golosa.

SUOR DOLCINA
Un tralcetto di ribes!
Degnatene sorelle!

66. ¡Un cesto de grosellas!
¡Dígnense hermanas!

LAS HERMANAS
Grazie, grazie!

67. ¡Gracias, gracias!

UNA HERMANA
Uh! Se ne prendo un chicco, la martorio!

68. ¡Uh! ¡Si tomo una la martirizo!

SUOR DOLCINA
No, prendete!

69. ¡No, tómala!

LAS HERMANAS
Grazie, grazie!

70. ¡Gracias, gracias!

Forman un grupito y comen de las grosellas.

HERMANA RECOLECTORA
Chi è venuto stasera in parlatorio?

71. ¿Quien ha venido ésta tarde al locutorio?

LAS HERMANAS
Nessuno, nessuno, perche?

72. ¿Nadie, nadie, porqué?

LA HERMANA RECOLECTORA
Fuor del portone s'è fermata
una ricca berlina.

73. Afuera del portón se ha detenido
una rica berlina.

Volviendose a la Hermana recolectora, como presa de una inquietud.

SUOR ANGELICA
Come, sorella, avete detto?
Ricca? ricca? ricca?

74. ¿Qué ha dicho hermana?
¿Rica? ¿Rica? ¿Rica?

LA HERMANA RECOLECTORA
Da gran signori.
Certo aspetta qualcuno che è entrato nel
convento, e forse fra un momento
suonerá la campana a parlatorio.

75. De grandes señores.
Cierto, espera a alguien que ha entrado en
el convento y quizás dentro de un momento
sonará la campana del locutorio.

SUOR ANGELICA
Ah, ditemi sorella, com'era la berlina?
Non aveva uno stemma, uno stemma d'avorio?
E dentro tapezzata d'una seta turchina
ricamata in argento?

76. ¿Ah, dígame hermana, cómo era la berlina?
¿No tenia un emblema, un emblema de marfil?
¿Y tapizada por dentro de una seda azul
recamada en plata?

LA HERMANA RECOLECTORA
Io non so sorella, non lo so;
ho veduto soltanto una berlina bella.

77. No se hermana, no lo sé;
solo he visto una berlina bella.

LAS HERMANAS
È diventata bianca
ora è tutta vermiglia!
Poverina! È commossa!
È commossa! Poverina!
Spera che sian persone di famiglia!

(Observando a Suor Angélica)
78. ¡Se ha puesto blanca
y luego está toda enrojecida!
¡Pobrecita! ¡Está conmovida!
¡Está conmovida! ¡Pobrecita!
¡Espera que sean personas de su familia!

Suena una campanita, las hermanas acuden corriendo de todas partes.

LAS HERMANAS

Vien gente in parlatorio
una visita viene!
Per chi? Per chi? Per chi?
Per chi sarà?

79.	¡Llega gente al locutorio
viene una visita!
¿Para quien? ¿Para quien? ¿Para quien?
¿Para quien será?

UNA HERMANA

Fosse per me!
Fosse la mia cugina
che porta il sense di lavanda buono.

80.	¡Si fuera para mí!
Si fuera mi prima
que usa la esencia de buena lavanda.

OTRA HERMANA

Per me! Fosse mia madre
che si porta le tortorine bianche.

81.	¡Para mí! Si fuese mi madre
que lleva un atuendo blanco.

Suor Genovieffa se acerca al grupo señalando con un gesto a Suor Angélica.

SUOR ANGELICA

O madre eletta, leggimi nel cuore
volgi per me un sorriso al Salvatore.

(Mirando al cielo)
82.	Oh madre superiora, leeme el corazón
dale por mi una sonrisa al Salvador.

SUOR GENOVIEFFA.

O sorella, in amore
noi preghiam la Stella delle Stelle
che la visita adesso sia per voi.

(A Suor Angélica)
83.	Oh hermana, en el amor
nosotros le rogamos a la Estrella de las Estrellas
que la visita sea para usted.

SUOR ANGELICA

Buona sorella, grazie, grazie.

84.	Buena hermana, gracias, gracias.

Entra la Abadesa.

LA ABADESA

Suor Angelica!

85.	¡Sor Angélica!

La Abadesa hace señas a las hermanas para que se retiren.

SUOR ANGELICA

Madre, madre, parlate! Chi è? Chi è?
Madre parlate! Son sett'anni che aspetto,
che aspetto una parola, uno scritto.
Tutto ho offerto alla Vergine
in piena espiazione.

86.	¿Madre, madre, quién es? ¿Quien es?
¡Madre, hable! Son siete años que espero,
una palabra o una carta.
He ofrecido todo a la Virgen,
como expiación.

LA ABADESA

Offritele anche l'ansia che adesso vi scompone.

87.	Ofrécele también el ansia que ahora te aflige.

Suor Angélica se inclina.
Desde el cementerio.

LAS HERMANAS,
Requiem aeternam dona ei Domine
et lux perpètua luceat ei.
Requiescat in pace.
Amen, amen.

88. *Réquiem aeternam dona ei Domine*
et lux perpetua luceat ei.
Requiescat in pace.
Amen, amen.

SUOR ANGELICA
Madre sono serenae sottomessa.

89. Madre estoy serena y sometida.

LA ABADESA
E venuta a trovarvi vostra zia Princiessa.

90. Ha venido a encontrarte tu tía la Princesa.

SUOR ANGELICA
Ah!

91. ¡Ah!

LA ABADESA
Il parlatorio si dica quanto vuole ubbidienza,
necessità
Ogni parola è udita dalla Vergine Pia.

92. Que en el locutorio se diga cuanto se quiere
responder a una necesidad.
Toda palabra es oída por la Virgen Pia.

SUOR ANGELICA
La Vergine m'ascolti e cosi sia.

93. Que la virgen me escuche y que asi sea.

La abadesa se encamina hacia la puertecita del locutorio. Sor Angélica se dirige hacia los arcos del locutorio.
La pequeña puerta es abierta desde adentro por la Hermana Clavaria.
Entra una figura negra con actitud rígida, y con gran dignidad aristocrática, es la tía, la princesa.
Camina lentamente apoyándose en un bastón de ébano.
Lanza una fría mirada sobre su sobrina sin manifestar ninguna emoción.
Sor Angélica es presa de gran emoción al ver a su tía,
pero se detiene al ver en la sombra a la Abadesa y a Sor Clavaria que luego se retiran.
Sor Angélica, conmovida, vacilante se acerca a su tía quien le extiende su mano izquierda
para que se la bese, en un acto de sumisión.
Sor Angélica toma la mano, se hinca y se la besa y luego vuelve sus ojos implorantes hacia los de la princesa.
La vieja mira fijamente hacia el frente.

LA PRINCESA

Il Príncipe Gualtero, vostro padre,
la Pricipessa Clara, vostra madre
quando vent'anni or sono venero a morte
m'affidarono i figli e tutto
    il patrimonio di famiglia.
Io dovevo dividerlo quando ciò ritenessi
conveniente e con giustizia piena.
E quanto ho fatto.
Ecco la pergamena, voi potete osservarla
discuterla, firmarla.

SUOR ANGELICA

Dopo sett'anni son davanti a voi
ispiratevi a questo luogo santo
è luogo di clemenza, è luogo di pietà.

LA PRINCESA

Di penitenza.
lo debbo rivelarvi la ragione
perchè addivenni a questa divisione.
Vostra sorella Anna Viola anderà sposa.

SUOR ANGELICA

Sposa? Sposa la piccola Anna Viola?
La sorellina? La piccina?
Ah! Ah! Son sett'anni!
Son passati sett'anni! Ah! Ah!
O sorellina bionda che vai sposa,
o sorellina mia, tu sia felice!
E chi la ingemma?

LA PRINCESA

Chi per amore condonó la colpa
di cui macchiaste il nostro bianco stemma.

SUOR ANGELICA

Sorella di mia madre, voi siete inesorabile!

94.   El Príncipe Gualtero, tu padre
la Princesa Clara, tu madres
venerados por veinte años desde su muerte
me confiaron a sus hijos y todo
    el patrimonio familiar.
Yo debo dividirlo cuando yo lo considere
conveniente y con plena justicia.
Eso es lo que he hecho.
Aquí está el pergamino, puedes verlo
y puedes discutirlo y firmarlo.

95.   Después de siete años estoy delante de ti
inspirada por la palabra santa
que es palabra de clemencia y de piedad.

96.   De penitencia.
Yo debo revelarte la razón
por la cual decidí ésta división.
Tu hermana Anna Violase casará.

97.   ¿Esposa? ¿Esposa la pequeña Anna Viola?
¿Mi hermanita? ¿La pequeñita?
¡Ah! ¡Ah! ¡Son siete años!
¡Han pasado siete años! ¡Ah! ¡Ah!
¡Oh hermanita rubia vas a ser esposa,
oh hermanita mia, sé feliz!
¿Y quien la desposará?

98.   Quien por amor perdonó la culpa
de quien manchó nuestro blanco blasón.

99.   ¡Hermana de mi madre, eres inexorable!

LA PRINCESA

Che dite? Eche pensate?
Inesorabile, inesorabile!
Vostra madre invocate quasi contro di me?
Contro di me!
Vostra madre invocate quasi contro di me?
Di frequente, la sera, là, nel nostro oratorio
io mi raccolgo,
Nel silenzio di quei raccoglimenti,
il mio spirto par che s'allontani
e s'incontri con quel di vostra madre
in colloqui eteri, arcani.
Com'è penoso, com'è penoso
udire i morti dolorare e piangere!
Quando l'estasi mística scompare
per voi ho serbata una parola sola:
Espiare! Espiare!
Offritela alla Vergine la mia giustizia.

SUOR ANGELICA

Tutto ho offerto alla Vergine, si, tutto.
Ma v'è un'offerta che non posso fare
alla Madre soave delle Madri,
non posso offrire di scordar mio figlio!
Mio figlio! Mio figlio! Il figlio mio!
Figlio mio!
La creatura che mi fu, mí fu strappata!
Figlio mio!
Che ho veduto e ho baciato una sol volta!
Creatura mía! Creatura mía lontana!
E questa la parola che invoco de
        sett'anni!
Parlatemi di fui!
Com'è, com'è mio figlio?
Com'è dolce il suo volto?
Come sono i suoi occhi?
Parlatemi di lui!
Di mio figlio!

100. ¿Qué dices? ¿Y qué piensas?
¡Inexorable, inexorable!
Invocaste a tu madre en mi contra?
¡En contra mia!
¿Invocaste a tu made en mi contra?
Con frecuencia, en la noche, allá, en nuestro
oratorio, yo me refugio.
En el silencio de aquel recogimiento,
mi espíritu parece que se aleja
y se encuentra con el de tu madre
en un coloquio etereo, arcano.
¡Cómo es penoso, cómo es penoso
escuchar los llantos mortales y dolorosos!
Cuando el místico éxtasis desaparece
he reservado para ti una palabra sola:
¡Expía! ¡Expía!
Ofrécele a la virgen mi justicia.

101. He ofrecido todo a la Virgen, si, todo.
¡Pero hay una oferta que no puedo hacer
a la Madre suave de las Madres,
no puedo ofrecerle olvidar a mi hijo!
¡Mi hijo! ¡Mi hijo! ¡El hijo mio!
¡Hijo mio!
¡La criatura que me fué arrancada!
¡Hijo mio!
¡Que he visto y he besado una sola vez!
¡Criatura mia! ¡Criatura mia, lejana!
¡Esta es la palabra que invoco desde hace
        siete años!
¡Háblame de él!
¿Cómo es, cómo es mi hijo?
¿Cómo es su dulce rostro?
¿Cómo son sus ojos?
¡Háblame de él!
¡De mi hijo!

La vieja guarda silencio.

Perchè tacete?
Perchè, perchè?
Un altro istante di questo silenzio
e vi dannate per l'eternità!
La Vergine ci ascolta e Lei vi giudica!

¿Por qué callas?
¿Por qué, porqué?
¡Otro instante de éste silencio
y te condenarás por la eternidad!
¡La Virgen nos escucha y ella te juzga!

LA PRINCESA

Or sono due anni venne colpito
da fiero morbo
tutto fu fatto per salvarlo.

102. Ahora hacen dos años que
se enfermó de gravedad,
se hizo todo para salvarlo.

SUOR ANGELICA

E morto?

103. ¿Está muerto?

La tía asiente con un gesto y calla.

Ah!

¡Ah!

Suor Angélica cae a tierra, la tía se levanta como para ayudarla, creyéndola desmayada pero se detiene en su intento, se vuelve hacia una imagen sagrada que está en el muro y con las dos manos se apoya en el bastón y reza en silencio. Llega la semioscuridad de la tarde, entra la hermana Clavaria con una lámpara de aceite que coloca sobre una mesa. La tía se vuelve hacia ella y algo le dice en voz baja.

La hermana se retira y regresa con la Abadesa que trae una mesita y una pluma.

Al verlas entrar, Suor Angélica comprende de qué se trata y firma el pergamino.

Las dos hermanas salen y la Princesa toma el pergamino y se acerca a Suor Angélica que hace un movimiento para retirarse y entonces la tía se dirige hacia la puerta, toca con el bastón, la hermana Clavaria abre, toma la lámpara y sale seguida porte Princesa que sin decir palabra solo dirige una fría mirada a su sobrina.

Ha caído la noche y las hermanas regresan del cementerio llevando cirios encendidos.

SUOR ANGELICA

Senza mamma, o bimbo, tu sei morto.
Le tue labbre senza i baci miei,
scoloriron fredde, fredde,
e chiudeste, o bimbo, gli occhi belli.
Non potendo carezzarmi,
le manine componesti in croce.
E tu sei morto senza sapere
quanto t'amava questa tua mamma.
Tu puoi scendere giù pel firmamento
ed aleggiare intorno a me ti sento.
Sei qui, sei qui, mi baci e m'accarezzi.
Ah! Dimmi quando in ciel potrò vederti?
Quando potrò baciarti?

104. Sin mamá, oh niñito, tu has muerto.
Tus labios sin mis besos,
pálido frio, frio,
y cerraste, oh niñito, tus bellos ojos.
Sin poder acariciarme,
tus manitas quedaron en cruz.
Y tú estás muerto sin saber
cuánto te amaba ésta tu mamá.
Tú puedes descender del firmamento
y rondándome te siento.
Estás aqui, estás aqui, me besas y me acaricias.
¡Ah! ¿Dime cuándo podré en el cielo verte?
¿Cuando podré besarte?

SUOR ANGELICA (*continuato*)
Oh! Dolce fine d'ogni mio dolore!
Quando in cielo con te potrÒ salire?
Quando potrò morire?
Quando potrò morire, potrò morire?
Dillo alla mamma, creatura bella
con un leggero scintillar di stella.
Parlami, parlami, amore, amore, amor!

(*continuó*)
¡Oh! ¡Dulce fin de mi dolor!
¿Cuándo podré subir al cielo contigo?
¿Cuándo podré morir?
¿Cuándo podré morir, podré morir?
Dile a tu mamá, criatura bella
con el ligero cintilar de una estrella.
¡Háblame amor, amor, amor!

Las hermanas llegan del cementerio, se acercan a Suor Angélica y la abrazan.

SUOR GENOVIEFFA
Sorella, o buona sorella,
la Vergine ha accolto la prece.

105. Hermana, oh buena hermana,
la Virgen ha recogido tus rezos.

LAS HERMANAS
Sarete contenta, sorella
la Vergine ha fatto la grazia.

106. Estarás contenta, hermana
la Virgen te ha dado la gracia.

SUOR ANGELICA
La grazia è discesa dal cielo
gia tutto, gia tutto, m'accende
risplende, risplende.
Gia vedo, sorelle, la meta.

107. La gracia ha bajado del cielo
ya todo se enciende
resplandece, resplandece.
Ya veo, hermanas, la meta.

LAS HERMANAS
E cosí sia.

108. Asi sea.

SUOR ANGELICA
Sorelle, son lieta, son lieta!
Cantiamo!
Già in cielo si canta!
Lodiamo la Vergine Santa!

109. ¡Hermanas, estoy alegre, estoy alegre!
¡Cantemos!
¡Ya se canta en el cielo!
¡Adoremos a la Virgen Santa!

LAS HERMANAS
Cantiamo! Gia in cielo si canta.
E cosi sia.

110. ¡Cantemos! Ya se canta en el cielo.
Asi sea.

Las hermanas se dirigen hacia sus celdas.

LAS HERMANAS
Lodiamo la Vergine Santa!
Lodiamo la Vergine Santa!

111. ¡Adoremos a la Virgen Santa!
¡Adoremos a la Virgen Santa!

SUOR ANGELICA
Ah, lodiam!

112. ¡Ah, adoremos!

LAS HERMANAS
Amen.

113. Amen.

Desde su celda.

SUOR ANGELICA
La grazia è discesa dal cielo.

114. La gracia ha bajado del cielo.

Ha caído la noche, se ve una estrella sobre la capilla y la luna ilumina los cipreses.
Suor Angélica sale de su celda lleva en las manos una vasija de terracota,
tome unas piedras y hace un pequeño homo, recoge hierbas y ramas, toma en la vasija agua de la fuente le
agrega las hierbas, enciende el hornito y pone a hervirla vasija con su contenido para hacer una poción.

SUOR ANGELICA
Suor Angelica ha sempre una ricetta
buona fatta coi fiorí,
Amici fiori, che nel piccol seno
racchiudete le stille del veleno.
Ah, quante cure v'ho prodigate
ora mi compensate.
Per vol, miei fior, io morirò.

115. Suor Angélica siempre tiene una receta
buena hecha con flores.
Amigas flores, que en su pequeño seno
contienen el veneno.
Ah, cuántos cuidados os he prodigado
ahora compénsenme.
Por ustedes, flores mias, yo moriré.

Se vuelve hacia las celdas.

Addio, buone sorelle, addio, addio!
Vi lascio per sempre.
M'ha chiamata mio figlio.
Dentro un raggio di stelle
m'è apparso il suo sorriso,
m'ha detto, Mamma, vieni in paradiso!
Addio, addio!
Addio chiesetta! In te quant'ho pregato.
Buona accoglíevi preghiere e pianti.
E discesa la grazia benedetta!
Mouio per lui e in cielo lo rivedrò.
Ah!

¡Adiós buenas hermanas, adiós, adiós!
Las dejo para siempre.
Me ha llamado mi hijo.
¡Dentro de un rayo de estrella
se me ha aparecido su sonrisa,
me ha dicho, Mama, ven al paraíso!
¡Adiós, adiós!
¡Adiós iglesita! En ti cuánto he rogado.
Buena, acogiste plegarias y llantos.
¡Ha descendido la gracia bendita!
Muero por él y en el cielo lo veré.
¡Ah!

Abraza la cruz, la besa, toma la vasija y bebe el veneno, luego se apoya en un ciprés y deja caer la vasija.
Las nubes cubren a la luna, la escena es obscura. El acto del suicidio la conduce a la verdad.

SUOR ANGELICA (*continuato*)
Ah! Son dannata!
Mi son data la morte, mi son data la morte!
Io muoio, muoio in peccato mortale!

Se arrodilla.

O Madonna, Madonna, salvami, salvami.
Per amor di mio figlio!

CORO
Regina Virginum, Salve Maria!

SUOR ANGELICA
Ho smarrita la ragione!

CORO
Mater castissima, Salve Maria!

SUOR ANGELICA
Non mi fare morire in dannazione!

CORO
Regina pacis, Salve Maria!

SUOR ANGELICA
Dammi un segno di gracia,
Dammi un segno di gracia,
Madonna, Madonna! Salvami! Salvami!

El milagro se inicia. La capilla parece llenarse de luz.
La puerta de la iglesia se cierra lentamente y la capilla se llena de ángeles.

CORO
O gloriosa virginum
Sublimium inter sidera
Qui te creavit parvulum.
Lactente nutris ubere.

SUOR ANGELICA
O Madonna salvami!
Una madre ti prega, una madre t'implora!
O Madonna, salvami!

(*continuó*)
¡Ah! ¡Estoy condenada!
¡Me llega la muerte, me llega la muerte!
¡Yo muero, muero en pecado mortal!

Oh Virgen, Virgen, sálvame, sálvame.
¡Por el amor de mi hijo!

116. *¡Regina Virginum, Salve Maria!*

117. ¡He perdido la razón!

118. ¡Mater castísima, Salve Maria!

119. ¡No me hagas morir condenada!

120. ¡Regina pacis, Salve María!

121. Dame una señal de perdón,
¡Dame una señal de perdón,
Señora, Señora! ¡Sálvame! ¡Sálvame!

122. *O gloriosa virginum*
Sublimium inter sidera
Qui te creavit parvulum.
Lactente nutris ubere.

123. ¡Oh Señora, sálvame!
¡Una madre te ruega, una madre te implora!
¡Oh Señora, sálvame!

CORO

Quod Heva tristis abstulit
Tu reddis almo germine
Intrent ut astra flebiles,
Coeli recludis cardines
Gloriosa virginum, Salve Maria.

124. *Quos Heva tristis abstulit*
Tu reddis almo germine
Intrent ut astra flebiles,
Coeli recludis cardines
Gloriosa virginum, Salve María.

En la puerta aparece la Reina del consuelo y enfrente de ella un niño rubio,
vestido de blanco y la Virgen lo levanta y lo lleva hacia la moribunda.

SUOR ANGELICA
Ah!

125. *¡Ah!*

CORO
Regina Virginum!

126. *¡Regina Vírgínum!*

SUOR ANGELICA
Ah!

127. *¡Ah!*

CORO
Virgo Fidelis. Sancta Maria!
Gloriosa virginum! Salve, Maria!

128. *¡Virgo Fidelis, Sancta María!*
¡Gloriosa virginum, Salve, Maria!

El niño avanza un paso.

Mater purissima! Salve, Maria!

¡Mater purissima, Salve María!

El niño avanza un segundo paso.

Turris davídica! Salve, María!

¡Turris davidica! ¡Salve, Maria!

El niño avanza un paso más. Suor Angélica cae suavemente y muere.
La escena resplandece.

F I N

Biografía de Giacomo Puccini

El matrimonio de Michele Puccini y Albina Magi vivía en la pequeña población de Lucca en el norte de Italia; inicialmente procreó a seis hijas y finalmente el 22 de diciembre de 1858, nace un varón a quien ponen el nombre de Giacomo, como era tradicional en la familia.

Michele el padre, muere a la edad de 51 años, cuando nuestro personaje tenía solo 5 años. La familia tenia una reducida pensión del municipio. Puccini aprende a tocar el órgano y se presenta a tocarlo en las pequeñas comunidades que rodean a Lucca.

Puccini compone un motete que es presentado por primera vez en la iglesia de San Paolino en Lucca.

Giacomo viaja a pie a Pisa para presenciar la *Aida* de Verdi y entonces decide dejar la música sacra y dedicarse al arte operístico.

La Reina Margarita de Italia, le concede un subsidio, y gracias a él logra entrar como alumno al Conservatorio de Milán. Durante un tiempo compartió su vivienda con Pietro Mascagni, autor de *Cavalleria Rusticana*.

En 1883, en el Conservatorio de Milán, a manera de graduación se ejecuta con mucho éxito su "Capriccio Sinfonico." Ahí termina su vida de estudiante.

El 31 de Mayo de 1884, presenta muy exitosamente su ópera *Le Villi* en el Teatro dal Verme de Milán.

Durante su romance con una mujer casada de nombre Elvira Gemignani, de ve obligado a huir de Lucca, llevando consigo a Fosca la hija de su concubina. En Diciembre de 1886 nace en Monza, Antonio el único hijo de ambos.

En 1889 se estrena en La Scala Edgar, la segunda ópera de Puccini que fue Acogida fríamente por la audiencia.

Un resonante éxito lo constituyó el estreno de *Manon Lescaut* el primero de Febrero de 1893, en el Teatro Regio de Turín.

Después de éste triunfo, la Editorial Ricordi adquiere los derechos de sus obras a cambio de una renta vitalicia con lo cual aumentan considerablemente sus ingresos y es así como logra comprar la casa de la familia en Lucca que había sido vendida después del deceso se su madre.

Las 9 operas que siguieron a las ya mencionadas fueron en general muy bien recibidas por el público, de Europa y América y la fama del compositor creció enormemente.

El 25 de Enero de 1903 sufre un grave accidente automovilístico que le fractura una de las piernas y le impide trabajar en la composición operística durante un largo tiempo. Para entonces ya se había mudado a su nueva y elegante casa en Torre del Lago.

Puccini contrae matrimonio con Elvira el 3 de Enero de 1904.

En 1908, la vida de Puccini se vé alterada por el suicidio de Doria Manfredi impulsada por los irracionales celos de Elvira. La joven Doria, estuvo a cargo de los cuidados para el compositor, durante su larga convalecencia. Con éste episodio la relación de Puccini y Elvira sufre una ruptura irreparable.

En 1912 Puccini comienza una relación amorosa con la baronesa alemana Josephine von Stängel.

Para 1924 la salud de Puccini se encuentra muy deteriorada debido al cáncer de garganta que padece y el 4 de Noviembre se dirige a Bruselas Bélgica en donde será sometido como último recurso a una cirugía. La operación no tiene éxito y el compositor fallece el 29 de Noviembre de 1924 a las 11;30 de la mañana.

El 1 de Diciembre hubo un impresionante cortejo fúnebre en Milán y ceremonias póstumas el día 3 de Diciembre. Su inhumación transitoria fue en la bóveda de la familia Toscanini.

Operas de Puccini

Le Villi	*Edgar*	*Manon Lescaut*	*La Bohemia*
Tosca	*Madam Butterfly*	*La Rondine*	*La Fanciulla del West*
Il Tabarro	*Suor Angélica*	*Gianni Schicchi*	*Turandot*

Acerca de Estas Traducciones

El Dr. Eduardo Enrique Prado Alcalá nació en 1937 en el norte de México, estudió la carrera de medicina y se especializó en cáncer ginecológico y cáncer de mama.

Ejerció su carrera durante 40 años y finalmente llegó a la edad del retiro.

Desde la edad de 42 años, se hizo aficionado a la ópera y a la música clásica y formó parte de un grupo de amigos aficionados a estas disciplinas. Tuvo la oportunidad de asistir a funciones operísticas en la Ciudad de México, en Guadalajara México, en Toluca México, en Mazatlán México, en Seattle, en Madrid y en Londres. Organizó en la Ciudad de Mazatlán tres conciertos de música clásica, uno de ellos en la catedral.

Jugum Press y Ópera en Español

Prensa publica estas traducciones de ópera por Dr. E.Enrique Prado:

Vincenzo Bellini:
Norma

Georges Bizet:
Carmen

Gaetano Donizetti:
Anna Bolena, Don Pasquale, Lucia di Lammermoor, Lucrezia Borgia

Ruggero Leoncavallo:
I Pagliacci

Pietro Mascagni:
Cavalleria Rusticana

Wolfgang Amadeus Mozart:
Die Zauberflöte, Don Giovanni, Le Nozze di Figaro

Giacomo Puccini:
La Boheme, La Fanciulla del West, Madama Butterfly, Manon Lescaut, Tosca
El Tríptico: Gianni Schicchi, Suor Angelica, Il Tabarro

Giacchino Rossini:
Il Barbiere Di Siviglia, La Cenerentola

Giuseppe Verdi:
Aida, Un Ballo in Maschera, Don Carlo, Ernani, Falstaff, La Forza del Destino, I Lombardi, Macbeth, Nabucco, Otello, Rigoletto, Simon Boccanegra, La Traviata, Il Trovatore

Para información y disponibilidad, por favor vea
www.operaenespanol.com
Correo: JugumPress@outlook.com
Síganos en Twitter: @jugumpress
Regístrate para nuestras noticias: http://eepurl.com/5m7tj

www.ingramcontent.com/pod-product-compliance
Lightning Source LLC
Chambersburg PA
CBHW081640040426
42449CB00014B/3394